AF459497

RAPPORT

SUR LA

SITUATION FINANCIÈRE DU PORTUGAL

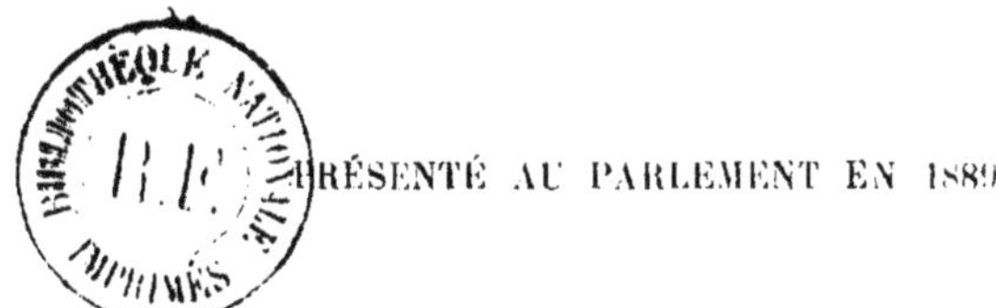

PRÉSENTÉ AU PARLEMENT EN 1889

PAR

Son Excellence M. MARIANNO CYRILLO DE CARVALHO

MINISTRE DES FINANCES

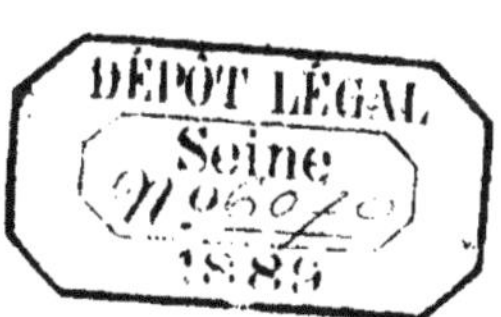

PARIS
IMPRIMERIE ET LIBRAIRIE CENTRALES DES CHEMINS DE FER
IMPRIMERIE CHAIX
SOCIÉTÉ ANONYME AU CAPITAL DE SIX MILLIONS
Rue Bergère, 20
1889

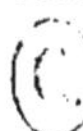

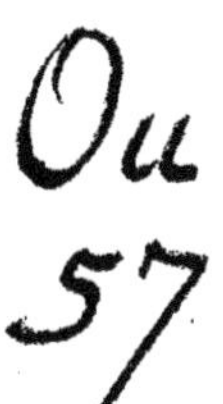

LES CORTÈS

SECRÉTARIAT DE LA CHAMBRE DES DÉPUTÉS

En vertu d'une décision prise par la Chambre des Députés, les présentes sont rendues publiques.

N° 3. — A

MESSIEURS,

A la fin du préambule au Rapport sur les finances que j'ai eu l'honneur de vous soumettre l'année dernière, je vous ai dit qu'en dépit des difficultés qui ont surgi, tant parce que les ressources créées n'ont pas aussitôt produit tous leurs effets, que parce que le chiffre des dépenses nécessaires s'est accru, il me paraissait que les nouveaux moyens fiscaux que nous avions proposés assureraient notre équilibre financier, nous dispensant, d'une part, d'imposer de lourds sacrifices aux contribuables, comme a tenté de le faire en 1886 mon très illustre prédécesseur, et, d'autre part, nous empêchant d'ébranler, par des recours répétés au crédit sur les places étrangères pour de nouveaux emprunts, le crédit retabli si heureusement mais avec tant de peine.

De l'exposé rapide que je vais vous faire il me semble résulter clairement que ces moyens, restés en suspens, attendu qu'il n'y avait pas nécessité urgente de les discuter s'ils sont approuvés avec les modifications que, dans votre sagesse, vous jugerez bon d'y apporter, donneront à notre situation financière des bases solides, et que nous pourrons ensuite, tout à notre aise, nous consacrer à l'étude des questions d'ordre administratif où il reste encore tant à améliorer.

Il n'a pas manqué de difficultés politiques et administratives s'opposant à une application complète du plan financier qu'en 1887 j'ai eu l'honneur de soutenir devant les deux Chambres du Parlement, soit par les entraves portées à l'approbation de projets essentiels à son fonctionnement régulier, soit par l'accroissement, de jour en jour, dans la mère-patrie aussi bien que dans les colonies, des fonds exigés pour des améliorations morales et matérielles. Comme des années entières se sont passées pendant lesquelles l'attention s'est concentrée sur les questions financières ou sur quelques travaux publics et sur des réformes de nature politique, on a écarté beaucoup de mesures administratives urgentes, qui toutes se présentaient avec un caractère d'inéluctabilité et d'urgence. Dans le nombre, il y en a quelques-unes, telle, que la réforme de l'administration des districts et des municipalités qui s'imposent si impérieusement, qu'à moins de nous imposer des sacrifices fort onéreux, nous verrions un accroissement énorme du chiffre des sommes supplémentaires nécessaires pour les dépenses des districts et des communes, ou bien nous serions contraints d'assister au spectacle ignominieux de la déconfiture de nombreuses municipalités.

Dans l'armée et dans la flotte nous manquions des éléments matériels les plus essentiels à la vitalité de ces services si importants. Mais ce qui manquait encore davantage c'était l'enseignement, sans lequel ni le nombre des soldats, ni la puissance des machines n'ont d'importance. Il reste encore beaucoup à faire à nos ministres de la guerre et de la marine, mais des dépenses considérables ont déjà été faites pour combler les lacunes existantes. Dans les colonies, les entreprises déjà entamées, et les nombreuses autres qu'exige de nous la lutte coloniale fiévreusement engagée par presque toutes les nations européennes ont été la cause et la justification des dépenses démesurément accrues.

Mais la solidité du plan, au développement duquel j'ai employé tout ce que je possède comme intelligence et comme amour du travail, était telle, qu'elle a pu résister à tous ces chocs, et que le ministre des finances a pu, cette année-ci, se présenter au Parlement sans crainte, n'ayant pas à lui demander, de nouveaux sacrifices en matière d'impôts, et n'ayant pas non plus à émouvoir le pays par des remaniements fiscaux, parfois plus difficiles à implanter que de véritables aggravations de charges contributives. Je vais même jusqu'à proposer la réduction d'une des contributions les moins acceptées par le pays et dont la rentrée est des plus compliquées. Je ne méconnais pas le fait qu'il reste encore beaucoup à perfectionner dans le régime fiscal portugais, et plusieurs propositions tendant à cet effet sont actuellement soumises à l'examen du Parlement. Mais en ce moment-ci, je juge opportun de laisser en suspens ces velléités de grandes réformes, et j'estime bien de consacrer toute l'attention et tout le travail à une bonne administration et à l'exécution stricte des lois en vigueur. Lorsque tous les résultats acquis seront consolidés, il sera temps de procéder à de nouveaux perfectionnements, en y préparant d'abord l'opinion publique, tels que l'abaissement du taux de certains impôts, et taxes de ceux qui sont le plus sévèrement condamnés par la science et les plus préjudiciables au développement de la prospérité nationale.

Je commencerai par soumettre à votre appréciation les principaux actes du ministère dont je suis chargé. Dans un autre document, j'entrerai dans des détails à ce sujet.

Puis, je vous exposerai ce que je crois être la vérité sur notre situation financière, et je conclurai en vous indiquant de quelle façon je crois que les projets déjà soumis à la délibération de nos représentants sont suffisants pour conserver l'équilibre dans nos finances, et rendre de plus en plus solide le crédit du pays.

Principaux actes du Ministère des Finances.

La conversion et l'emprunt sur les tabacs. — On a contracté avec un groupe allemand très important, un autre groupe franco-portugais et la *Banque d'Escompte,* à la date du 13 août dernier, une émission de 390,000 obligations de 4 1/2 0/0, amortissables en soixante-quinze ans, à partir du 1er avril de l'année courante. Ces obligations sont de 90$000 Reis = £ 19-18-0, = 500 francs, = 406 marks et 238 florins. On s'est arrêté audit chiffre d'obligations par les motifs suivants :

La loi du 22 mai 1888 a fixé l'annuité à 432:000$000 pour 7.200 contos de Reis effectifs, représentés par des obligations de 90$000 Reis de 5 0/0, amortissables en cinquante ans, mais la loi du 23 juin suivant a permis d'étendre le délai d'amortissement à soixante-quinze ans, avec une réduction proportionnelle des annuités et a, en même temps, autorisé le gouvernement à en émettre la quantité nécessaire pour subvenir aux dépenses extraordinaires de l'État.

Avec ces dispositions légales et l'option pour l'amortissement en soixante-quinze ans, l'annuité des tabacs a été réduite à 405:446$595 Reis. Mais comme l'annuité exacte pour amortir une obligation de 500 francs en soixante-quinze ans est, au taux de 4 1/2 0/0, de 23,328,642 francs, il en résulte que l'annuité des tabacs a rendu possible une émission de 97,449 obligations. Mais comme on voulait, en même temps, convertir les obligations en circulation de l'emprunt de 1881, du type de 5 0/0, en un type de 4 1/2 0/0, on disposait d'une annuité de 1,191:316$500 Reis cadrant avec le budget de l'État, laquelle, réduite en francs, constituait une dotation de 286,354 obligations du nouveau taux d'intérêt. De cette manière on a obtenu un total de 383,803 obligations, soit, en chiffres ronds, de 390,000 obligations, afin d'employer la différence au mieux, pour pourvoir aux dépenses extraordinaires.

Par contrat, en date du 13 août, la vente ferme de toutes ces obligations a été faite au prix de 459 fr. 25 c. Dans ces conditions et au change de 533, elles ont produit :

97,449	obligations des tabacs.		7.951:196$860
286,354	—	de conversion.	23.364:601$236
6,197	—	pour arrondir la somme.	505:634$403
		Total. . . .	31.821:432$499

Cet emprunt avait pour application spéciale :

L'emprunt des tabacs. . .	7.200:000$000	
La valeur des 257,627 obligations de 1881, ci	23.186:430$000	
		30.386:430$000
Reste. . . .		1.435:002$499
Produit des 6,197 obligations nouvelles. . .		505:634$403
La différence, soit. . .		929:368$096

représente la somme acquise au Trésor, sans qu'il en résulte de nouvelles charges.

Cette opération de crédit présente encore d'autres avantages, savoir :

1° Que les nouvelles obligations sont de 500 francs = £ 19-18-0 = 406 marks ou 238 florins, tandis que les anciennes obligations étaient de 505 francs = £ 20, = 408 marks ou 240 florins ;

2° Qu'en outre de l'économie réalisée sur l'annuité, il y a encore une réduction considérable sur les frais du timbre — en France, par exemple, cette réduction est de la moitié ;

3° Que les places de l'Étranger ont ainsi été gagnées à une grande opération sur des types d'obligations portugaises 4 1/2 0/0.

On peut se faire une idée du premier de ces avantages par un calcul en francs sur les chiffres suivants :

Si les nouvelles obligations étaient de 505 francs, comme les anciennes, l'annuité serait de 23.561,979 francs, ce qui nous coûterait pour 390:000 obligations, par an et en chiffres ronds, 90,982 francs, et correspondrait à une augmentation de 1.950.000 sur le capital dû. Pour ce qui est du timbre qui est, en France, de 0 fr. 75 c., jusqu'à concurrence de 500 francs, et du double de 500 à 1,000 francs, la réduction au type de 500 francs comporte une économie de 292,500 francs.

Enfin, l'introduction du 4 1/2 0/0 aura ce résultat, que nous pourrons, sous peu, convertir le reste des obligations 5 0/0 qui, ayant atteint le pair ne peuvent plus monter et, par la comparaison, empêchent la hausse des autres fonds portugais.

Le succès de cette opération, la plus grosse que le Portugal ait encore entreprise, a été complet. L'emprunt a été en Allemagne, en France et dans notre pays même, couvert douze fois. Ce fait a provoqué une nouvelle hausse sur nos fonds extérieurs 3 0/0, à Londres et sur les places du Portugal même.

En guise d'éclaircissements j'ajouterai que le chiffre des obligations présentées à la conversion a été de 137,185 en Portugal, de 4.141 en France, de 3.620 en Angleterre, de 20,445 en Hollande et de 433 en Suisse. Pour 91,803 obligations 5 0/0 le remboursement en espèces a été préféré.

Cependant, à l'heure où le gouvernement devait recevoir le produit de l'emprunt, un incident a surgi, point dangereux mais fort désagréable, qui, en ce moment-ci seulement, peut être considéré comme clos. J'entends parler de l'opposition dont ont été frappées à Paris, par les porteurs des titres d'emprunts dit de D. Miguel, les sommes dues encore par les banquiers français pour compte de l'opération réalisée, par ces mêmes porteurs qui, auparavant, s'étaient déjà efforcés d'entraver la souscription au moyen du procédé connu des placards affichés dans Paris, mais dont l'effet a été nul dans cette circonstance.

Cette affaire date de loin.

En effet, on sait qu'à la suite du procès en diffamation, intenté au Président et au Secrétaire du groupe des porteurs de titres de 1832, l'avoué Cortot, se disant autorisé par le comte de San Miguel, a, en avril 1881, demandé, comme cela se fait d'habitude, la restitution de la somme de 1,000 francs déposée à titre de *judicatum solvi*, à la *Caisse des Dépôts et Consignations* en vue du paiement des frais judiciaires. La somme de frais dont le paiement incombait au gouvernement portugais montait, vu l'acquittement des inculpés à cause de l'insuffisance de la loi française, à peine à 90 francs. L'avoué Cortot offrit aux dits inculpés de payer cette somme afin de pouvoir retirer le dépôt, mais ces derniers s'opposèrent à ce paiement, et peu après ce même Cortot, supposé représentant du gouvernement portugais, s'est vu intenter une action reconventionnelle par laquelle les intéressés lui demandaient 5,000 francs de dommages-intérêts.

Il résulte d'une longue correspondance, échangée entre notre représentant à Paris et MM. les conseillers Hintze Ribeiro et Serpa Pimentel, alors ministres des Affaires étrangères, que, sous prétexte de quelques incidents diplomatiques et diverses péripéties judiciaires, les délégués des porteurs de titres de 1832 se sont efforcés, de toutes les façons, et au moyen de toutes sortes d'expédients, de traîner l'affaire en longueur et de l'embrouiller, pour qu'il n'intervienne pas de jugement. Enfin nous voyons, dans une dépêche de la Légation portugaise de Paris, datée du 9 janvier 1883, qu'après divers ajournements, ce procès a passé de la sixième à la première Chambre du Tribunal de la Seine, où elle fut évoquée, sans qu'il y eût d'autre suite. En somme, il resta à payer les frais dus en raison du procès antérieur, et toute l'action en vue de ce paiement était encore suspendue. C'est de cette circonstance que se sont prévalus ces mêmes individus, qui n'ont jamais voulu recevoir le coût de ces frais. pour faire l'opposition dont il s'agit actuellement. En effet, le 25 septembre, opposition a été faite, par l'entremise de l'huissier Leprince, avec la facilité que la jurisprudence française présente en cette matière, entre les mains de M. Ephrussi et d'autres banquiers, par le sieur Battarel en son nom et en sa qualité de secrétaire du comité syndical dit de réclamation, constitué par l'assemblée générale des porteurs de titres de 1832 à fin de paiement : 1° des frais et dépens auxquels a été condamné le gouvernement portugais par les jugements de la 10e Chambre correctionnelle de la Seine, en date des 30 août 1879 et 8 janvier 1880, jugements confirmés par arrêt de la Cour d'appel (en matière de police correctionnelle) en date du 7 juillet de la même année; 2° des obligations non remboursées de l'emprunt de D. Miguel et de leurs coupons.

Le même Battarel a, plus tard, fait la *dénonciation*, et, le 12 octobre, *la contre-dénonciation* de cette opposition, actes prévus par la loi française. De ces actes de procédure devait résulter une assignation au gouvernement portugais d'avoir à intervenir dans le procès, si les tribunaux français pouvaient être compétents pour juger un gouvernement étranger. Même s'il ne s'agissait que d'un simple particulier, l'action ne pouvait régulièrement être introduite que devant le tribunal dont relève le domicile du défendeur. Vu, d'ailleurs, l'incompétence du Tribunal français, nulle assignation n'a été faite, ni ne pouvait l'être au gouvernement souverain du Portugal.

L'action ne pouvant ainsi être poursuivie, la maison de Banque Ephrussi et Cie a, le 25 novembre, informé la Légation du Portugal à Paris, qu'elle adresserait au Président du Tribunal civil de la Seine la requête dont voici le libellé :

« A monsieur le président du tribunal civil de la Seine.

» Ont l'honneur de vous exposer, MM. M. Ephrussi et Cie, banquiers, demeurant rue de l'Arcade, 45, pour lesquels est constitué et occupera Me ... que par exploit de M. Leprince, huissier, du 25 septembre 1888, signifié à la requête de M. Battarel disant agir tant en son nom personnel qu'au nom et comme secrétaire de la commission centrale de réclamations, opposition a été faite entre leurs mains sur toutes sommes quelconques, titres et valeurs qu'ils peuvent ou pourront avoir au gouvernement portugais, que par exploit d'huissier en date du..., dénonciation leur a été faite de l'assignation en validité de la dite opposition présentement signifiée au gouvernement portugais le... au parquet de monsieur le procureur de la république à Paris.

» Attendu que MM. M. Ephrussi et Cie ont droit et intérêt à faire déclarer nulle cette prétendue opposition, qui est de nature à leur causer préjudice ;

» Attendu en effet que le gouvernement portugais n'étant pas justiciable de tribunaux français, l'assignation n'a pu lui être délivrée même au parquet, qu'elle est par suite radicalement nulle ainsi que la dénonciation faite au tiers saisi ;

» Que l'incompétence des tribunaux français vis-à-vis d'un gouvernement étranger s'impose pour le juge, même d'office, ou à la requête de toute partie intéressée ;

» Que la prétendue saisie-arrêt est encore nulle, comme ayant été pratiquée sans titre et sans ordonnance du juge, laquelle eût été certainement refusée ;

» Que néanmoins pour éviter toute équivoque et tout débat en ce qui concerne les frais judiciaires réclamés au gouvernement portugais en vertu des jugements des 30 août 1879 et

8 janvier 1880, et sans examiner le mérite des prétentions soulevées à cet égard, les exposants offrent de payer les dits frais suivant taxe régulière et de leurs propres fonds, pour lesquels frais du reste aucun chiffre n'a été indiqué dans l'exploit d'opposition.

» A ces causes et vu l'urgence, les exposants, sous toute réserve et sans aucune reconnaissance préjudiciable, vous prient M. le Président de leur permettre d'assigner à jour fixe, à bref délai et sans autre préliminaire, devant le Tribunal de la Seine, M. Battarel, tant en son nom ou au nom et comme se disant secrétaire de la Commission syndicale de réclamation.

» Pour voir donner acte aux requérants de ce qu'ils offrent de payer de leurs deniers les frais judiciaires qui pourraient être dus, suivant taxe, par le gouvernement portugais, en vertu des jugements des 30 août 1879 et 8 janvier 1880, et, moyennant ce, voir déclarer nulle et de nul effet la saisie-arrêt pratiquée entre les mains des requérants le 25 septembre 1888, ainsi que la contre-dénonciation qui a été faite le   ; en conséquence, s'entendre condamner Battarel personnellement et en tant que besoin ès qualités, à en donner mainlevée dans les trois jours de la signification du jugement à intervenir, sinon, dire que le jugement en tiendra lieu, s'entendre condamner Battarel à tous dommages-intérêts à fixer par état et aux dépens, le tout avec exécution provisoire du jugement à intervenir. »

Le jugement devait être prononcé le 7 décembre ; mais Battarel, usant de tous les divers recours dont la jurisprudence française fournit les moyens, réussit à obtenir divers ajournements aux 14, 21, 28 décembre et au 4 janvier. Il paraît que le dernier ajournement légal ne peut aller au delà du 11 du mois courant, à moins que Battarel ne change d'avocat.

Il ressort de ce rapide exposé que le gouvernement portugais ne reconnaît en aucune façon la compétence des tribunaux français ; il n'a pas non plus consenti à ce que l'action fût portée devant eux, comme le voudraient parfois ceux qui ont mis opposition, afin de pouvoir embrouiller le procès, à l'analogie de ce qui est arrivé, dans le procès mentionné plus haut, d'avril 1881 jusqu'en janvier 1883. En attendant, les intérêts du

Trésor sont défendus, tant parce que les sommes frappées d'opposition à Paris ne dépassent pas £ 250,000 en chiffres ronds, que parce que les intérêts en sont perçus au profit de l'État. Le Gouvernement estime pouvoir sous peu recouvrer ce reste du produit de l'emprunt ; mais même si, contre toute attente, il n'y réussissait pas, il prendrait pour sauvegarder les intérêts du pays toutes les mesures qu'il jugerait nécessaires et que conseilleraient les circonstances.

Il est fâcheux que le Gouvernement ne puisse pas encore publier tous les documents se référant à cet incident ; mais tous les représentants du pays qui voudront les consulter en particulier, le pourront, et, à cet effet, ils ont déjà été déposés au bureau de la Chambre des députés (1).

A cet endroit, il convient de remarquer que, par suite de la position difficile des places en Angleterre et sur le continent, le change de Paris sur Londres, qui dans les premiers jours d'août était encore de 25,34, est, dans les premiers jours d'octobre, monté au taux de 25,435. Si à cette époque nous avions fait passer de l'argent de Paris à Londres, il aurait suffi d'une différence de 0,06 pour nous faire perdre 2,400 francs par million passant.

Par suite des opérations susmentionnées, le capital nominal de la dette publique amortissable est monté de 130,101,635 francs à 195,000,000 francs, savoir : elle s'est accrue de 64,898,365 francs, somme compensée en partie par l'acquisition des fabriques et de l'industrie des tabacs.

En exécution de la loi du 30 juin 1887, a eu lieu la conversion de £ 840,000 ou 21,210,000 francs de 3 0/0 Extérieure, en 27,965 obligations 4 1/2 0/0, représentant un capital de 13,982,500 francs. Il y donc de ce chef une réduction de 7,227,500 francs dans le capital nominal de la dette publique. Les intérêts du 3 0/0 converti comportaient une dépense de 636,300 francs, tandis que les chiffres des intérêts des obliga-

---

(1) Par télégramme du 5 janvier, le Gouvernement a appris que le tribunal de première instance de la Seine a, vu l'incompétence des tribunaux français par rapport à un gouvernement étranger, déclaré l'opposition nulle et non avenue, décidé sa levée et condamné les opposants aux frais et à des dommages-intérêts.

tions par lesquelles on l'a remplacé n'est que de 629.212 fr. 50 c.

Les limites étroites imposées à l'autorisation accordée par la loi du 30 juin 1887, déjà mentionnée, n'ont pas permis d'étendre la sphère de cette conversion ; mais bientôt la conviction se formera qu'il est indispensable d'élargir le champ de cette autorisation, et peut-être verra-t on qu'il est indispensable de convertir toute la rente perpétuelle 3 0/0 en rente amortissable du même taux d'intérêt, tous les droits des porteurs devant, d'ailleurs, être respectés.

Emprunt pour les Routes.

Conformément à la stipulation déjà publiée, cet emprunt était de 3,200 contos de Reis, représentés par 156,060 obligations de la valeur nominale de 22$500 Reis par obligation, amortissables en cinquante-deux ans et prises ferme. L'annuité de 174:104$756 Reis, durant les trente premières années, et de 168:155$756 Reis, dans les vingt-deux dernières années, a été réduite de 226$940 Reis, parce que nous avons, le 7 mai, reçu de deux contractants la somme de 17:829$000 Reis, destinée à un tirage au sort extraordinaire de 220 obligations.

Législation sur les céréales.

La publication de la loi du 19 juillet 1888 coïncidait avec les mauvaises récoltes de froment aux États-Unis et dans une grande partie de l'Europe, à la suite desquelles les prix montèrent rapidement. Puis, nous n'avions pas la sanction de l'expérience pour pouvoir apprécier quel serait l'effet de cette loi dans une année ordinaire; mais aujourd'hui on possède déjà des données suffisantes pour aboutir à cette conclusion, qu'il répugne à la minoterie de marcher d'accord avec les intérêts des producteurs et des consommateurs. Déjà l'année dernière, j'ai exprimé la crainte que les meuniers, ne comprenant pas leurs légitimes intérêts, n'abandonnassent les blés nationaux et ne fassent prédominer les blés étrangers, mais j'espérais encore qu'ils ne tenteraient pas cette périlleuse aventure ou que certainement cela engagerait les pouvoirs publics à prendre des mesures plus radicales et peut-être sévères.

Malheureusement, les faits qui se sont produits ont démontré qu'il n'est pas facile de persuader aux meuniers qu'en mettant leurs légitimes intérêts d'accord avec ceux des producteurs et des consommateurs, l'harmonie n'en souffrirait pas. Certainement il vaudrait mieux pour tous que nous possédions en même temps une industrie prospère pour les minotiers, une consommation aussi favorisée que possible, et l'agriculture dans des conditions régulières. Si cependant un facteur essentiel manque à cet ensemble d'intérêts communs et empêche tout arrangement loyal qu'on pourra proposer, il faudra s'en passer et s'efforcer de protéger l'agriculture autrement, sans élever le prix d'un article de consommation de première nécessité.

Les propriétaires de minoteries commençaient, conformément à ce qui était prévu, par établir l'augmentation apparente de 8 reis par kilogramme sur la plus grande partie de leurs farines, et ne renchérissaient pas par là le prix du pain, ce que le Gouvernement avait également prévu. En août, leur mercuriale était de 78 Reis pour la farine n° 7, de 80 Reis pour la farine n° 6, de 82 Reis pour celle du n° 5, de 84 Reis pour celle du n° 4, de 85 Reis pour celle du n° 3, de 86 Reis pour celle du n° 2, de 87 Reis pour celle du n° 1, et enfin de 88 Reis pour celle qualifiée de fleur de farine. Ces prix que l'on pourrait estimer réduits à 74, 76, 77.5, 79.3, 80, 81, 82 et 83 Reis respectivement, en en déduisant les frais de commission et autres, maintenaient (au même niveau) le prix du pain. Néanmoins, le problème se réduisait, à cette époque, à ceci, savoir : maintenir ces prix malgré l'élévation du coût des blés étrangers, tout en achetant à profusion les blés indigènes, et cela avec des prix rémunérateurs. La solution de ce problème était-elle possible ?

Le Gouvernement affirmait que cela était non seulement possible, mais même relativement facile. A cet effet et prévoyant à bref délai une augmentation sur les prix des blés étrangers, il estimait convenable que les minotiers s'approvisionnassent tant qu'ils le pouvaient à des prix raisonnables de tout ce qui leur était absolument nécessaire. Or, à cette époque, il n'était pas difficile d'obtenir des blés américains à Lisbonne au prix de 610 Reis, tous frais payés, et meilleur marché encore s'ils prenaient des blés de la mer Noire, la récolte de Russie ayant été abondante comme quantité et supérieure au point de vue de la qualité. On pouvait, sans crainte de se tromper, évaluer le prix des blés étrangers à 600 Reis par 10 kilogrammes, et le prix de la farine tirée de ces blés à 83.90 Reis par kilo aproximativement.

Les blés réguliers des bords de l'eau étant payés à raison de 580 Reis les 10 kilos, les blés durs et hâtifs à raison de 550 Reis au minimum et les très durs à 500 Reis, les farines monteraient : Pour les blés des bords de l'eau à 80.70 Reis ; pour les blés durs à 72.10, pour les hâtifs à 76.56 et pour les très durs à 67.75 Reis. La vente de ces farines pouvait évidemment se faire à un prix moyen égal à celui auquel le vendaient les minoteries. Celles-ci pouvaient le faire d'autant plus facilement qu'elles avaient de larges approvisionnements de blés américains achetés bon marché, et parce qu'elles avaient acheté de nos blés nationaux à des prix au-dessous de ceux qui figuraient sur la cote.

Tous les efforts faits pour obtenir une solution satisfaisante furent cependant vains. Le maximum offert par les nationaux ne dépassait pas ce qui suit :

1. On emploierait les blés indigènes dans la proportion de 25 0/0 de la consommation totale, soit 5 0/0 de blé de rivage *(ribeiro)*, 10 0/0 de blé de rivage régulier et de blés hâtifs fins, 5 0/0 de blés hâtifs communs et 5 0/0 de blés durs *(durazio* et *riio)*.

2. On ne dépasserait pas les prix de 550 Reis pour les blés de rivage fins, 530 Reis pour les blés de rivage réguliers et les blés hâtifs fins, 500 Reis pour les blés hâtifs communs, 500 Reis pour les blés durs *(durazio)* fins, 480 Reis pour les blés communs et 460 Reis pour les blés durs *(rijo)*.

3. Les droits sur les blés étrangers, tels que le *red winter* n° 2, ne dépasseraient pas, à Lisbonne, 550 Reis.

4. Les droits sur les farines étrangères seraient de 35 Reis.

5. Le pain de ménage ne se vendrait pas plus cher que 80 Reis par kilogramme ; il pourrait cependant s'en débiter à 75 Reis.

Ces conditions, manifestement inacceptables, étaient encore aggravées par plusieurs restrictions imposées aux producteurs de céréales. Il en résulterait la hausse des farines des minoteries à environ 75 Reis, prix moyen, tandis que son prix moyen, correspondant à la qualité n° 5, était de 7,507.

Ces propositions ne pouvaient pas être agréées en ce qui concerne les prix du pain, attendu qu'en moyenne ces prix étaient supérieurs aux prix courants de Lisbonne qui sont de 80, 70 et 60 Reis, et que lesdites propositions faisaient disparaître les qualités de 70 et 60 Reis par kilogramme, consommées par les classes les moins fortunées.

Dans cet état de choses on s'est rappelé que l'on pouvait avoir recours à un expédient : celui d'importer les farines, que l'État fournirait aux Conseils municipaux et que ceux-ci fourniraient au public. Il y avait encore un autre moyen de combattre efficacement la mauvaise volonté des minotiers, savoir, de créer des boulangeries municipales. Mais il était impossible d'obtenir ces farines de New-York dans de bonnes conditions de prix et elles ne seraient pas arrivées à temps parce que les navires de transport faisaient défaut. Restait encore l'espoir de trouver en Europe les farines belges. Celles correspondantes au n° 5 du Portugal pouvaient, avec le droit de 24 Reis, monter à Lisbonne au prix de 79 Reis, et les qualités comprises entre les n°s 6 et 7 du Portugal, au prix de 76 Reis. A cet effet, un décret en date du 19 octobre réduisit le droit sur les farines à 24 Reis, en maintenant à 20 Reis les droits sur les blés. Ce serait certainement le meilleur moyen de vaincre la crise, si les fluctuations dans les prix des blés ne mettaient pas les minoteries de la Belgique hors d'état de pouvoir, aux prix mentionnés, satisfaire à des commandes d'une certaine importance.

A ce moment, les minoteries nationales élevèrent, sans la moindre nécessité, puisqu'elles possédaient encore un *stock* abondant de blés américains bon marché, puisqu'elles avaient acheté des blés indigènes dans de bonnes conditions et qu'elles pouvaient en acheter davantage, les prix de leurs farines de 6 Reis par kilogramme de chaque qualité, produisant ainsi une hausse inévitable sur le prix du pain. L'agriculture ne gagnait rien à cette hausse, puisque les minoteries n'achetaient pas pour cela plus de blé et ne l'achetaient pas à des prix plus avantageux; tandis que le consommateur y perdait puisque le prix d'une denrée de première nécessité augmentait. Mais toutes les exhortations de leur faire abandonner leurs projets restant vaines, le gouvernement baissa, pour empêcher l'accroissement du prix du pain, par décret en date du 2 novembre, les droits sur les blés à 10 Reis par kilogramme, et ceux sur les farines à 18 Reis par kilogramme.

Il était cependant indispensable de briser le joug que faisait peser sur le public le monopole de fait exercé par les minoteries, qui se manifestait tant dans les faits que nous venons de mentionner qu'à propos d'une vente à l'enchère de blés, annoncée par la Compagnie des pays plats, près des rivières, ainsi que par les annonces d'achats de blés indigènes, publiées au nom de la réunion de ces minoteries. Pour combattre ces menées et comme l'occasion était favorable pour acheter des blés étrangers dans des conditions régulières, le Gouvernement convint, d'une part avec la municipalité, de lui fournir de la farine, les minoteries d'État n'existant pas encore, et, d'autre part, il fit dès les premiers jours du mois de novembre, des achats importants de farines américaines, austro-hongroises et belges, qui commencèrent à arriver à Lisbonne en décembre. Par ce motif, l'augmentation à 18 Reis des droits sur les blés et à 24 Reis de ceux sur les farines fut décrétée, à la date du 15 décembre.

Les prix auxquels s'élevaient les blés arrivés dans le Tage, y compris les intérêts de retard et les droits de 18 Reis, étaient, par rapport aux types portugais correspondants, les suivants :

	PAR KILOG
Fleur de farine . . . . Reis.	83.59
N° 1	81.37
N° 5	71.64
N° 6	69.13
N° 7	65.03

Grâce à cette mesure, en quoi le Gouvernement a outrepassé la loi pour parer instantanément à une nécessité publique; et en raison de quoi le Gouvernement vous demande un bill d'indemnité, les minoteries n'ont pas augmenté les prix de leurs farines.

La justice nous oblige néanmoins à reconnaître que, dans cette année, l'agriculture nationale a vendu ses blés plus rapidement et à des prix meilleurs. Cela est prouvé par les prix courants du marché de Lisbonne et par le résultat de l'adjudication de deux millions de kilogrammes de blé pour la manutention militaire. En comparant ainsi, par exemple, les prix moyens du décalitre, au commencement d'octobre, cette année-ci et l'année dernière, on obtient le rapprochement suivant :

		1887	1888
Blés *(ribeiro)*	Reis.	348	429.5
Blés durs *(rijos)*		340.5	351.5
Blés des îles *(ilhas)*		289.5	318.5
Blés durs *(durazio)*		351.5	371.5

Dans la manutention militaire, les résultats ont été pour une quantité de dix kilogrammes :

Blés tendres	Reis.	560.50
Blés durs *(durazio)*		480.90
Blés durs *(rijo)*		465.20

L'année précédente, les prix avaient été respectivement de 488,434 et 434 Reis.

A cette adjudication, on a beaucoup remarqué l'absence des cultivateurs, — l'élément commercial ayant été prédominant, — et la petite quantité offerte.

En outre des mesures prises, le Gouvernement a estimé qu'il convenait de confier aux représentants mêmes de l'agriculture la minoterie administrative qu'il avait le droit d'établir pour son propre compte. Dans ce sens, les négociations se poursuivent avec assez de succès en ce moment, et, aussitôt qu'elles auront abouti, le Gouvernement présentera le projet de loi nécessaire pour régler cette affaire d'une façon permanente.

En attendant, on va commencer les travaux pour la construction de la minoterie et de la boulangerie de l'État, et l'on est sur le point de signer et de mettre à exécution le contrat pour la fourniture des machines et des instruments nécessaires suivant les systèmes les plus perfectionnés. Des contrats seront passés pour la construction de machines à l'usage de la minoterie, de la panification, de la fabrication des biscuits de mer et de la préparation d'autres substances alimentaires pour 270 *contos de Reis*, conformément à l'avis d'une commission compétente, et à celui des représentants de la Société Royale d'agriculture. La minoterie pourra produire 100,000 kilogrammes de farine par journée de travail.

Administration des Tabacs. — Il n'est pas encore possible de porter à votre connaissance les résultats de l'administration des Tabacs pour compte de l'État, attendu que sept mois à peine se sont écoulés depuis son établissement. On a travaillé activement à l'organisation de tous les services, et l'on a, par décret, établi un règlement qui contribuera beaucoup à l'accroissement de la consommation et à la réduction des frais de vente. Pour ce qui est de ces ventes, la période étant passée et les énormes dépôts laissés par les anciens établissements commençant déjà à s'épuiser, elles montèrent, dès le mois de décembre, à la somme considérable de 555 contos de Reis par mois, somme qui, à bref délai, ne pourra que s'accroître.

Le cadre des employés a été organisé à titre provisoire et les dépenses de ce chef fixées à une somme inférieure à celle prévue par la loi.

L'administration s'est abstenue de prendre de nouveaux employés ou d'engager de nouveaux ouvriers, et la réduction future du nombre de ceux-ci, dans des proportions raisonnables, non seulement permettra de mieux rémunérer le travail, mais fera encore réaliser des économies très considérables.

On essaiera, le long d'une zone frontière soigneusement choisie, la vente de tabacs d'une qualité inférieure à des prix modiques afin de combattre plus efficacement la contrebande,

Si ce système donne de bons résultats, comme on l'espère, il sera étendu sur toute la frontière de terre ferme et l'on défendra l'intérieur du royaume au moyen d'une seconde ligne douanière fortement occupée.

On estime également provoquer une consommation plus large du tabac national dans quelques-unes de nos colonies par la baisse des prix et par une réduction considérable des droits sur les tabacs de fabrication portugaise.

On poursuivra, aux époques régulières, l'évaluation des indemnités à accorder aux entreprises expropriées, et l'on attend à bref délai le prononcé du jugement du tribunal arbitral devant lequel est pendante l'affaire de l'expropriation de la Compagnie Nationale, la plus importante de toutes. Cette affaire réglée, les autres suivront rapidement.

Caisse de Retraites. — Les résultats dépassèrent de beaucoup les prévisions que j'avais faites relativement à la situation de cette Caisse dans la gestion de 1887-1888. J'ai calculé la recette, non compris la somme appliquée à l'achat de 120:000$000 Reis d'inscriptions (de rente), à 126:015$193 Reis et les recouvrements (perceptions) montèrent à 152:807$608 Reis, de manière que le solde disponible au 30 juin 1888 s'est élevé à 88:716$128 Reis, soit à 19:895$597 Reis de plus que dans la gestion de 1886-1887.

Le nombre des retraites accordées en l'année 1886-87 a été de 109, d'un montant total de 49:483$744 Reis ; dans la gestion de 1887-88 il a été de 134, d'un montant total de 48:108$806 Reis, de telle sorte qu'au 30 juin 1888 il existait déjà 243 retraites avec un chiffre d'échéance total et annuel de 97:592$550 Reis ; mais attendu qu'il y avait 11 vacances du montant de 6:177$333 Reis, le montant annuel des 232 pensions garanties à ce jour, était à cette date de 91:415$217 Reis.

Sans compter les recettes du fonds permanent, dont le capital s'élève aujourd'hui à 1.437:850$000 Reis en inscriptions (de rente) et dont les intérêts annuels montent à 43:135$500 Reis, les cotisations des employés s'élevaient en 1887-88 à 103:571$577 Reis, c'est-à-dire à un chiffre supérieur à celui qu'ont atteint les pensions de retraite le 30 juin dernier.

Le produit des cotisations s'est accru, l'année dernière, de 51:498$763 Reis sur celui de la première année de la fondation de la Caisse et l'augmentation dans les retraites liquidées a seulement été de 45:735$001 Reis.

Les recettes de la gestion de 1888-89 ne se présentent pas sous des auspices plus fâcheux.

Les cotisations ont produit de juillet à décembre 1887 . . . . Reis.	19:219$994
Et de juillet à décembre 1888.	24:165$705
Augmentation en 1888. . . . Reis.	4:945$711
Les pensions accordées jusqu'au 26 décembre 1888 se sont élevées à. . . . . . . Reis.	110:949$946
A défalquer les vacances.	10:197$944
Montant annuel des pensions actuellement servies. . . . . Reis.	100:752$002

Mais il convient de faire remarquer ceci. Tandis que :

De juillet 1886 à juin 1887, on a accordé des pensions pour un montant de . . . . Reis.	49:483$746
et de juillet 1887 à juin 1888, de.	48:108$806
l'accroissement du mois de juillet au 26 décembre 1888 a été à peine de 13:357$396 Reis, ce qui correspond à une annuité de seulement.	26:714$792

Le budget des recettes et dépenses de la Caisse a ensuite pu s'établir, pour l'exercice en cours, sur les bases suivantes :

Cotisations. . . . . Reis.	97:000$000
Produit des 1.437:850$000 Reis en inscriptions, y compris les 140:000$000 Reis achetés	
A reporter.	97:000$000

Report.	97:000$000
le 19 septembre 1888, et le solde reporté de la gestion 1887-88.	43:135$500
Subvention du Trésor.	8:500$000
Total. . Reis.	148:635$500
Les pensions liquidées jusqu'à ce jour, défalcation faite des vacances.	100:572$000
Nouvelles pensions à accorder, suivant prévision, calculées sur celles liquidées pour le premier semestre de l'exercice 1888-89.	13:357$396
Total. . Reis.	113:929$396

On voit par là qu'à la fin de l'exercice en cours, il y aura un solde disponible important, lequel, vu l'augmentation constante et considérable, excédera de beaucoup, en y comprenant cet exercice, le solde obtenu le 30 juin dernier. Il est donc permis d'espérer que, dès la présente année, la Caisse pourra, sans accroissement de la subvention du Trésor, augmenter son fonds permanent d'une somme au moins égale à celle dont il s'est accru en septembre dernier.

Revision des rôles de la contribution foncière. — Vu le manque d'un personnel dressé à cette besogne et les occupations multiples concernant les répartitions des districts et des communes, ce travail n'a pu, à la fin de l'année, être aussi avancé que cela eût été désirable. Les résultats par districts sont les suivants.

District d'Aveiro. — Le travail de revision étant sur le point d'être commencé en janvier de l'année dernière, dans les trois communes de Feira, Mealhada et Oliveira de Azemeis, on s'y est mis ensuite. Sur les 180 paroisses du district, c'est seulement dans 25 que le travail n'a pas commencé, et il a été terminé dans plus de 70 paroisses dans le cours de l'année, en dehors des 15 terminées au mois de janvier précédent. Les résultats connus dans 58 paroisses sont :

Nombre de propriétés foncières sur les rôles anciens.	167:179
— — — nouveaux.	237:957
Rendement total des premiers	335:795$158
— — derniers	566:728$913
Augmentation.	230:933$755

District de Braga. — Le travail a commencé dans les communes de Cabeceiras de Basto, Celorico de Basto, Povoa de Lanhoso et Vieira, où ce travail n'avait pu être entrepris en 1887. Ce district compte 519 paroisses ; la revision a commencé pendant cette année-ci dans 233 paroisses ; il ne reste plus que 104 paroisses et le travail est terminé dans 357.

Dans 331 paroisses où le travail est terminé, le résultat se compose comme suit :

	NOMBRE DES BIENS-FONDS.	RENDEMENT TOTAL.
Anciens rôles	243:205	729:666$115
Nouveaux rôles	360:956	1.011:387$976
Augmentation. . . .	117:751	281:721$861

District de Bragance. — Le travail est en cours dans tout le district. Sur les 306 paroisses dont il se compose, il n'en manque que 6 où l'opération n'est pas entièrement achevée. Les résultats connus de 284 paroisses se décomposent comme il suit :

	NOMBRE DES BIENS-FONDS.	RENDEMENT TOTAL.
Anciens rôles	398:721	785:436$405
Nouveaux rôles	1.814:848	989:613$322
Augmentation. . . .	416:127	204:176$917

District de Castello Branco. — Dans ce district il n'y a qu'une seule commune, celle de Covilhâ, où le travail ne soit pas commencé. Sur ses 146 paroisses, le service n'est pas encore commencé dans 26 et le travail est terminé dans 59. Les résultats connus de 30 paroisses se décomposent comme il suit :

	NOMBRE DES BIENS-FONDS.	RENDEMENT TOTAL.
Anciens rôles	57:702	192:180$185
Nouveaux rôles	74:521	310:561$518
Augmentation. . .	16:819	118:381$333

District de Coïmbre. — Le travail se poursuit dans toutes les communes et dans ses 187 paroisses ; l'inspection directe est déjà terminée dans 168 d'entre elles. Les résultats connus de 150 paroisses présentent les chiffres suivants :

	NOMBRE DES BIENS-FONDS.	RENDEMENT TOTAL.
Anciens rôles	459:833	1.131:495$818
Nouveaux rôles	688:279	2.041:001$362
Augmentation. . . .	228:446	909:505$544

Ces résultats ne peuvent pas encore complètement faire foi, parce qu'on a été forcé de recommencer le travail dans 22 paroisses.

District de Funchal. — Le service d'inspection terminé dans tous les districts, accuse les résultats suivants :

	NOMBRE DES BIENS-FONDS.	RENDEMENT TOTAL.
Anciens rôles	192:819	613:981$016
Nouveaux rôles	281:076	787:282$052
Augmentation. . . .	88:257	173:301$036

District de Guarda. — Le service est commencé dans toutes les communes. Sur les 339 paroisses que renferme ce district, l'inspection n'est pas encore commencée, en tout, dans 45 paroisses. Elle est terminée dans 270. Les résultats de 228 paroisses se décomposent comme il suit :

	NOMBRE DES BIENS-FONDS	RENDEMENT TOTAL
Anciens rôles	286:757	578:965$726
Nouveaux rôles	479:728	820:868$009
Augmentation. . .	192:971	241:902$283

Il convient, cependant. de déclarer qu'il a été nécessaire de refaire l'inspection dans 14 paroisses, sans compter toutes celles du canton de Trancoso.

District de Leiria. — Dans tous les cantons on travaille ainsi que dans toutes les paroisses. Les opérations sont terminées dans 109 de ces dernières. Les résultats obtenus dans 86 paroisses se décomposent comme il suit :

	NOMBRE DES BIENS-FONDS	RENDEMENT STRICT
Anciens rôles	290:189	548:651$502
Nouveaux rôles	460:316	1.118:410$200
Augmentation. . .	170:127	569:758$698

District de Lisbonne. — Les nouveaux rôles sont terminés dans les cantons de Alemquer, où le nombre des biens-fonds s'est accru de 17:179 à 18:267.

Pour ce qui est du rendement total, les chiffres sont les suivants :

	RENDEMENT TOTAL
Anciens rôles	3.269:934$317
Nouveaux rôles	4.446:189$086
Augmentation.	1.176:254$769

District de Porto. — Les opérations n'ont pas encore commencé. dans le seul canton de Marco de Canavezes ; sur les 367 paroisses du district, on a terminé les inspections dans 206. Les résultats connus de 140 paroisses donnent les chiffres suivants :

	NOMBRE DES BIENS-FONDS	RENDEMENT TOTAL
Anciens rôles	117:899	652:504$255
Nouveaux rôles.	234:079	1.291:683$877
Augmentation	116:180	639:179$622

District de Santarem. — Le travail étant terminé dans tout le district, 144 paroisses ont donné le résultat qui suit :

	NOMBRE DES BIENS-FONDS	RENDEMENT TOTAL
Anciens rôles	305:360	1.604:396$914
Nouveaux rôles.	431:950	2.468:584$227
Augmentation	125:590	864:187$313

Il a été nécessaire de corriger les opérations dans 56 paroisses, dont 27 sont déjà en règle.

District de Vianna do Castello. — Les opérations sont en cours dans tous les cantons du district. Les travaux sont commencés dans 85 et terminés dans 65 paroisses sur 290. Les résultats connus des 68 paroisses sont les suivants :

	NOMBRE DES BIENS-FONDS	RENDEMENT TOTAL
Anciens rôles.	84:639	175:425$001
Nouveaux rôles	136:974	308:413$782
AUGMENTATION. .	52:335	132:988$781

Il a été nécessaire de corriger les travaux dans deux paroisses.

District de Villa Real. — Dans tous les cantons du district, les opérations sont en cours, mais on ne les a pas encore commencées dans 78 sur 236 paroisses; elles sont terminées dans 133 paroisses. Faute d'un zèle suffisant des contrôleurs d'impôts il n'est pas possible d'indiquer les résultats de la revision en ce qui concerne les nouveaux rôles. D'ailleurs, ces résultats ne seront pas bien notables à cause des ravages exercés par le phylloxera.

District de Vizeu. — Les opérations se font dans tous les cantons. Dans 8 paroisses seulement sur 365, elles ne sont pas commencées, et elles sont terminées dans 294. Les résultats connus de toutes les paroisses se décomposent comme il suit :

	NOMBRE DES BIENS-FONDS	RENDEMENT TOTAL
Anciens rôles	583:485	1.673:658$200
Nouveaux rôles	1.136:053	1.913:081$178
AUGMENTATION. .	552:568	239:422$978

Il a été nécessaire de corriger les opérations dans le canton de Tarouca.

De ce qui précède, il résulte que le nombre des paroisses où le service d'inspection n'est pas encore commencé est à peine de 403, et qu'ainsi cette opération laborieuse et difficile touche à son terme. Mais si nous pouvons enfin espérer posséder à bref délai un important élément fiscal, le travail le plus délicat restera cependant encore à faire.

En effet, le travail de revision s'étant prolongé pendant de longues années, il est clair que les conditions rurales ont beaucoup changé dans l'intervalle, et que les prix des denrées de première nécessité ont subi des modifications considérables. Il ne paraît donc pas prudent d'exécuter complètement la loi de 1880, sans se livrer auparavant à un dernier travail de revision générale pour en corriger les défauts qui soulèveraient des clameurs universelles autant que fondées.

D'autre part, si les biens-fonds soumis à l'examen dépassaient le rendement total de 40,000 contos de Reis, et il ne serait pas prudent ni de bonne gestion, de réclamer au pays, sans nulle compensation, un accroissement de ses contributions directes, bien que le fardeau de l'augmentation soit largement compensé par une répartition plus équitable.

C'est de ces considérations qu'est née la proposition de loi n° 4, qui établit au ministère des Finances une revision générale faite avec la plus grande impartialité. Aussitôt que l'on se fera une idée exacte du rendement total de l'impôt foncier dans tout le royaume et que cette limite de 40,000 contos de Reis sera reconnue atteinte, il conviendra tout d'abord d'abolir l'impôt sur l'intérêt et ensuite de réduire le droit de mutation à titre onéreux, aussitôt que la revision aura donné pour résultat une augmentation de recettes pesant trop sur les forces économiques du royaume. De cette façon, le pays sera délivré des vexations et des charges des deux impôts qui provoquent les plus justes critiques dans le régime fiscal portugais.

On se propose également d'apporter des modifications au système des annulations d'impôts pour sinistres, de façon à ce qu'on puisse les terminer avant d'ouvrir les caisses pour le recouvrement.

Réclamations et recours. — Le service des réclamations et des recours (contentieux), très important pour l'État ainsi que pour les particuliers, et qui se trouvait dans un piteux état, au ministère des Finances, se fait maintenant avec une rapidité suffisante.

Dans la première division de la Direction générale des contributions directes, 269 procès ont été introduits au cours de l'année ; sur ce chiffre, 169 ont été jugés, 51 préparés pour le jugement et 49 demandent encore un supplément d'information. Sur les procès anciens, 450 ont été jugés et 200 préparés pour le jugement. Il en existe encore quelques centaines attendant une décision, mais pour la majeure partie desquels, l'instruction n'est pas encore complète.

Dans la troisième division de cette même direction, ont été introduits, dans le cours de l'année, 925 procès de contentieux fiscal relativement aux impôts somptuaires, aux locations de maisons et à celles de l'industrie. Ont été jugés sur ce chiffre :

651; attendent encore un supplément d'information : 190; et, sont prêts à être jugés : 84. Les procès anciens qui se trouvaient amoncelés dans la division ont été tous jugés, et il a été nécessaire, à cet effet, d'examiner, dans le cours de l'année, au moins 1,909 dossiers.

Malheureusement, on sait que quelques centaines de procès sont encore pendants dans les bureaux financiers des districts et des communes, sans qu'il ait été possible de les terminer, malgré des instances réitérées. Ces bureaux ont été grandement améliorés, mais il reste encore beaucoup à faire; la situation étant telle que, dans l'un d'eux, par exemple, le livre des opérations de Trésorerie n'a pas été tenu depuis vingt ans. Le règlement du service d'inspection, qu'on élabore en ce moment, sera un remède très efficace contre l'incurie établie depuis de longues années, comme une maladie chronique.

Annulations de documents.

Le 13 décembre 1887, les annulations de pièces relatives aux recouvrements, en vertu du décret du 17 juin 1886 et de l'arrêt du 17 décembre de la même année montaient à 1,163:687$139 Reis; 305:040$942 Reis provenant de districts dans lesquels le service est fini, et 858:646$197 Reis, de ceux dans lesquels il ne l'est pas. Le 20 décembre 1888, on avait annulé pour les premiers, 222:265$737 Reis, et pour les seconds, 385:048$207 Reis. Cette annulation de papiers sans valeur qui embarrassaient les services et augmentaient les responsabilités, atteignait en tout, 771:001$083 Reis en des milliards de contraintes. Malgré tous les efforts faits, le travail n'est pas encore achevé dans les districts d'Aveiro, de Braga, de Faro, de Lisbonne, de Villa-Réal, de Vizea et de Funchal. Dans l'Aveiro, il reste encore à annuler 675$688 Reis et dans le Faro, 6:716$500 Reis.

Exécutions fiscales.

La loi a confié ces exécutions au pouvoir judiciaire, dont il est nécessaire, dans l'intérêt de tous, de respecter l'indépendance, mais dont les actes, par des motifs certainement indépendants de la volonté des magistrats, ne présentent pas toujours la rapidité d'exécution nécessaire à une bonne administration fiscale. La vigilance du ministre des finances est arrivée à éviter, presque complètement, que les procès d'exécution fiscale soient retardés par les sections des finances, mais la promptitude de la décision ne correspond pas pour l'instant à la rapidité de l'introduction.

Examinant les résultats statistiques de tous les districts du royaume, excepté Horta et Poata Delgada, on arrive à ce triste résultat pour les procès qui dépendent du pouvoir judiciaire :

	NOMBRE	IMPORTANCE
Procès pendants au 31 décembre 1887	37.454	229:983$837
Introduits jusqu'au 31 juillet 1888	87.195	381:099$586
Totaux	124.649	611:083$423
Jugés	43.127	176:660$680
Pendants au 31 juillet 1888	81.522	434:422$743

Si en neuf mois, le nombre des procès a augmenté de 37.454 à 81,522, et si le mal ne peut être enrayé promptement, il n'y aura bientôt plus d'archives pour tant de procès. Si les dettes envers le Trésor augmentèrent de 229:983$837 Reis à 434:422$743 Reis dans le court espace de neuf mois, on s'imaginera difficilement les proportions qu'elles atteindront pendant une autre période plus longue.

En regard de ces considérations, le tableau de ce que sont et ont été les exécutions fiscales faites par l'intermédiaire des administrateurs des communes, peut peut-être servir de lénitif. En effet :

Procès pendants au 31 octobre 1887 . . .	123.442	1.186:711$301
Procès nouveaux	12.836	164:782$269
Totaux.	136.278	1.351:493$570
Jugés.	44.423	288:050$538
Pendants au 31 juillet 1888	91.855	1.063:443$032

Il est encore trop tôt pour apprécier en toute connaissance de cause les résultats du transfèrement des exécutions fiscales au pouvoir judiciaire. Le gouvernement adoptera néanmoins toutes les mesures qui rentrent dans ses attributions et proposera au Parlement toutes celles qu'il jugera nécessaires pour que ce transfèrement serve aussi bien les intérêts du fisc que ceux des contribuables exécutés.

Droit d'enregistrement. — Dans mon rapport de l'année dernière, l'exposé ou la situation, en ce qui touche au service des droits d'enregistrement à titre gratuit, n'indique pas moins de 21,740 procès à liquider au 1er avril 1887. L'impulsion rapide donnée à ce service, sa fiscalisation plus prompte, et la publication de nouveaux règlements, ont permis de liquider 9,209 procès jusqu'au 30 septembre de la même année, 12,531 des procès anciens restant par conséquent encore pendants. Il convient de faire remarquer que parmi ces derniers il y en a beaucoup qui ne pouvaient pas être promptement liquidés, parce que leur liquidation dépendait d'extinctions d'usufruit, et que, pour d'autres, le service était entravé par le retard apporté à la clôture d'inventaires; un certain nombre d'autres sont perdus comme éléments de recette, soit parce qu'il n'existe pas de biens, soit parce que les débiteurs ont disparu.

Le 15 septembre 1888, le nombre des procès pendants était de 12,665, bien que cependant 11,315 procès eussent été liquidés en moins d'un an, sans compter le district de Vizeu, pour lequel on n'avait pas encore de renseignements à cette date. Le tableau suivant peut servir pour apprécier raisonnablement l'assiduité et le zèle des bureaux financiers :

	Procès pendants au 30 septembre 1887	Procès pendants au 15 septembre 1888	Liquidés
	—	—	—
Angra *(a)*	18	60	133
Aveiro	1.319	1.116	735
Beja *(a)*	219	245	218
Braga	620	853	974
Bragance	66	214	476
Castello Branco	347	343	392
Coimbre	285	281	775
Evora	422	263	445
Faro	158	171	204
Funchal *(a)*	129	*(c)* 106	179
Guarda	471	434	704
Horta *(b)*	104	»	168
Leiria *(a)*	2.592	2.224	1.123
Lisbonne	1.226	1.283	1.297
Ponta Delgada *(a)*	168	42	236
Portallegre	125	192	378
Porto	1.009	*(d)* 1.171	857
Santarem	132	375	441
Vianna	873	659	806
Villa Real	1.029	1.361	774
Vizeu *(e)*	1.219	1.269	»
	12.531	12.662	11.315

(a) Comprend seulement les liquidations jusqu'à fin août.
(b) Le rapport sur les procès pendants manque.
(c) On n'a pas le rapport sur les procès pendants à Porto-Santo.
(d) On n'a pas le rapport touchant les procès pendants à Felgueiras.
(e) Il manque le rapport sur les liquidations depuis octobre 1887.

Cette situation, encore peu satisfaisante, a exigé des mesures plus sévères que celles de l'année dernière, prises au commencement de décembre, mesures qui seront encore aggravées si elles ne suffisent pas. La plupart des procédés d'un si grand nombre de bureaux financiers ne peuvent être corrigés ni tout de suite, ni d'un seul coup. Il ne manque pas de prétextes pour disculper l'incurie, mais il est pourtant indispensable qu'on y coupe court.

Pour faire comprendre combien cette branche du service est importante, il suffira de dire que les procès liquidés depuis juillet 1887 jusqu'en septemb e 1888, sans compter Vizeu depuis octobre 1887, ni depuis septembre 1888 dans Beja, Leiria, Funchal, Angra, Horta et Ponta Delgada, ont produit 1.510:469$164 Reis; 1.295:787$144 Reis appartenant à l'année économique 1887-1888 et 214:682$020 Reis à l'exercice courant. Rien que les quatre quartiers de Lisbonne ont produit une contribution de 371:791$260 Reis pour l'année 1887-1888 et les deux de Porto, 93:854$912 Reis.

Impôt sur l'alcool et sur le beurre artificiel.— Il n'est pas encore possible de donner des renseignements précis relativement à l'impôt sur la fabrication de l'alcool, parce que l'établissement de l'organisation fiscale indispensable vient de commencer et que le prix des vins, bas, par suite d'une production abondante, porte un assez grand préjudice aux fabriques d'alcool industriel.

Mais, en ce qui concerne le beurre artificiel, les résultats sont favorables. Du 17 au 31 juillet, le beurre artificiel rend 332$363 Reis, dont 313$550 Reis d'impôts de fabrication et 18$813 Reis produits par les 6 0/0 additionnels, les droits de consommation n'ayant rien donné parce qu'une provision précédente durait encore. Au mois d'août, le rendement a été de 2:304$348 Reis pour l'impôt de production, de 138$260 Reis pour les 6 0/0 additionnels, et de 64$339 Reis pour l'impôt de consommation. En septembre: impôt de fabrication 1:080$487 Reis, 6 0/0 additionnels 64$829 Reis, droits de consommation 518$352 Reis. En octobre, impôt de fabrication 1:421$317 Réis, 6 0/0 additionnels 85$279 Reis, droits de consommation 646$055 Reis. En novembre: impôt de fabrication 1:012$515 Reis, 6 0/0 additionnels 60$750 Reis, droits de consommation 548$546 Reis. Enfin en décembre: droit de fabrication 1:235$530 Reis, 6 0/0 additionnels 74$131 Reis, droits de consommation 486$962 Reis.

Le beurre artificiel a donc rendu pendant ce court laps de temps 10:074$063 Reis dans lesquels l'impôt de fabrication figure pour 7:367$747 Reis, les 6 0/0 additionnels pour 442$062 Reis et les droits de consommation pour 2:264$254 Reis. La fabrication qui paie de tels impôts en moins de six mois était imposée par la douane de Lisbonne pour la somme d'à peine 400$000 Reis, du 25 février au 25 août.

Nouveaux règlements. — Les règlements du timbre, du marché central des produits agricoles, du droit de transit sur les chemins de fer, des alcools, du beurre artificiel et de la contribution industrielle sont publiés. Ceux du *Real de agua*, des douanes, du ministère des finances, et des inspections des sections de finances de district et de communes vont être publiés sans retard.

Situation financière.

Compte de l'exercice 1886-1887. — Le compte de cet exercice qui est clos, visé et arrêté au 31 décembre 1887, présente les résultats suivants :

La loi du 23 juin 1887 qui rectifie les dépenses et les recettes de l'exercice 1886-1887 établit les unes et les autres dans les termes suivants :

Recettes.

	ORDINAIRES		EXTRAORDINAIRES	TOTAL
Propres du Trésor.	34.369:782$500		119:500$000	34.489:282$500
Recours au crédit..	»		9.565:845$155	9.565:845$155
	34.369:782$500		9.685:345$155	44.055:127$655
Dépenses	35.857:276$442		8.197:851$213	44.055:127$655
Déficit.	1.487:493$942	Solde	1.487:493$942	»

Les résultats de l'exercice, d'après le compte général, ont été les suivants :

Recettes.

	ORDINAIRES		EXTRAORDINAIRES	TOTAL
Propres du Trésor.	34.700:582$854		171:133$175	34.871:716$029
Recours au crédit..	»		8.712:075$622	8.712:075$622
	34.700:582$854		8.883:208$797	43.583:791$651
Dépenses.	36.303:342$400		7.280:449$251	43.583:791$651
Déficit.	1.602:759$546	Solde	1.602:759$546	»

On voit donc que les recettes propres du Trésor, évaluées à 34.489:282$500 Reis, se sont élevées, lors du recouvrement, à 34.871:716$029 Reis, c'est-à-dire à une somme supérieure de 382:433$529 Reis à l'évaluation, et que les dépenses totales autorisées et calculées dans le budget pour 44.055:127$655 Reis n'ont pas effectivement dépassé 43.583:791$651 Reis, c'est-à-dire ont été inférieures de 471:336$004 Reis aux prévisions, et que, par conséquent, le recours au crédit ayant été autorisé pour une somme de 9.565:845$155 Reis, il n'en a été effectué que pour une somme de 8.712:075$622 Reis, c'est-à-dire pour 853:769$533 Reis de moins qu'il n'avait été prévu pour faire complètement face à toutes les dépenses de l'exercice.

Dans mon rapport de l'année écoulée, les recettes ordinaires étaient prévues pour une somme de 34.735:860$432 Reis, et les recettes extraordinaires pour celle de 170:554$661 Reis, laquelle somme diffère à peine de 34.699$064 Reis des résultats véritablement obtenus. D'un autre côté, les dépenses ordinaires étaient calculées à 35.786:819$161 Reis lorsqu'en réalité elles représentent 36.303:342$400 Reis, soit par conséquent une différence de 516:525$239 Reis.

La différence est plus grande pour les dépenses extraordinaires, mais dans le résultat final, la divergence a été de peu d'importance, puisque ayant prévu la nécessité de recourir au crédit pour 7.853:640$154 Reis, le crédit a été en réalité de 8.712:075$622 Reis, alors qu'on l'avait primitivement évalué à 9.565:845$155 Reis.

La comparaison des résultats définitifs de cette année avec ceux de la précédente démontre évidemment l'amélioration de la situation financière.

En effet :

Budget ordinaire.

	EXERCICES		DIFFÉRENCES
	1885-1886	1886-1887	de 1886-1887.
Recettes	31.760:844$507	34.700:582$854	+ 2.939:738$347
Dépenses	34.040:639$865	36.303:342$400	+ 2.262:702$535
Déficit	2.279:795$358	1.602:759$546	— 677:035$812

Budget extraordinaire.

Recettes.	135:896$559	171:133$175	+	35:236$616
Dépenses	7.568:781$976	7.280:449$251	—	288:332$725
Déficit.	7.432:885$417	7.109:316$076	—	323:569$341
Recours total au crédit.	9.712:680$775	8.712:075$622	—	1.000:605$153

Pour apprécier justement ces faits, il ne faut pas oublier les remaniements que l'administration de l'État et celle des districts ont subis, la première acceptant d'onéreux sacrifices pour éviter à la seconde une crise imminente.

Compte provisoire de l'exercice 1887-1888. — On n'a pas encore les éléments complets pour établir le compte définitif de cet exercice, bien que les résultats connus soient très satisfaisants ainsi que je vais le démontrer.

Dans les premiers douze mois de cet exercice et dans les deux qui précèdent, les comptes effectifs des recouvrements et des paiements de dépenses budgétaires sont tels qu'il suit :

Budget ordinaire.

	EXERCICES			DIFFÉRENCES de 1887-1888 sur 1886-1887
	1885-1886	1886-1887	1887-1888	
Recouvrements faits.........	30.344:771$159	33.125:224$093	36.529:000$323	+ 3.403:776$230
Dépenses payées	27.824:732$301	29.462:528$353	31.950:170$333	+ 2.487:641$980
Excédent de recettes........	2.520:038$858	3.662:695$740	4.578:829$990	+ 916:134$250

Budget extraordinaire.

Recettes propres du Trésor, y compris la recette spéciale pour les routes..........	66:747$919	170:018$841	1.122:683$569	+ 952:664$728
Dépenses payées	6.515:886$581	5.310:180$876	4.242:391$829	— 1.067:789$047
Excédent des dépenses.......	6.449:138$662	5.140:162$035	3.119:708$260	— 2.020:453$775
Déficit total....	3.929:098$804	1.477:466$295		
Excédent total de recettes...			1.459:121$730	

On voit donc que dans la première année de la durée de l'exercice 1885-1886, le déficit total est de 3:929 *contos de Reis* que dans l'exercice 1886-1887 il est de 1:477 contos de Reis en chiffres ronds, mais que, dans l'exercice 1887-1888, les recettes budgétaires ont été supérieures à l'ensemble des dépenses, tant ordinaires qu'extraordinaires, d'où il résulte, au 30 juin 1888, un solde effectif de 1:459 *contos de Reis* en nombres ronds.

Et en dépit de ces résultats, pendant cette période de l'exercice 1887-1888, les sommes liquides pour paiements sont très inférieures à celles des deux exercices précédents, à la même date du 30 juin, comme il résulte des chiffres suivants.

« Soldes des sommes liquidées pour payer les dépenses budgétaires à la fin des premiers douze mois de durée des exercices de : »

	EXERCICES			DIFFÉRENCE de 1887-1888 sur 1886-1887
	1885-1886	1886-1887	1887-1888	
	—	—	—	—
Budget ordinaire				
Dette consolidée	4.588:679$312	4.325:790$454	3.808:729$160	— 517:061$294
Autres dépenses.	1.294:187$140	1.298:222$766	1.213:384$926	— 84:837$840
Totaux., .	5.882:866$452	5.624:013$220	5.022:114$091	— 601:899$129
Budget extraordinaire. . . .	499:825$949	870:244$320	469:340$520	— 400:903$800
Total de la dette	6.382:692$401	6.494:257$540	5.491:454$611	—1.002:802$929

D'après ces données, on peut, du reste, arriver à une approximation du résultat que présentera l'exercice 1887-1888 à la date de sa clôture :

	ORDINAIRES	EXTRAORDINAIRES	TOTALES
	—	—	—
Recettes perçues pendant la gestion de 1887-1888, y compris les recettes spéciales pour les routes	36.529:000$323	1.122:683$569	37.651:683$892
Faites ou à recouvrer pendant la gestion de 1888-1889, calculées d'après leur nature identique, sur celles de la seconde période de l'exercice 1886-1887	1.576:000$000	»	1.576:000$000
Total. . .	38.105:000$323	1.122:683$569	39.227:683$892

Dépenses.

		ORDINAIRES	EXTRAORDINAIRES	TOTALES
		—	—	—
Paiements pendant la gestion 1887-1888		31.950:170$333	4.242:391$829	36.192:562$162
Paiements faits et à faire pendant la gestion 1888-1889, calculés d'après les paiements faits dans la seconde partie de l'exercice précédent.	6.840:814$047			
Moins la partie qui correspond à la diminution de la dette dans la première période de l'exercice.	601.899$129	6.238:914$918	»	6.238:914$918
Paiements pendant la gestion de 1888-1889 :				
Juillet à septembre, sur le continent. .	681:768$092			
Juillet, par les caisses hors de la métropole	15:067$265			
D'après les chiffres ci-dessus et par appréciation, tout le semestre. . .		»	1.000:000$000	1.000:000$000
TOTAL.		38.189:085$251	5.242:391$829	43.431:477$080
EXCÉDENT présumé des dépenses.		84:084$928	4.119:708$260	4.203:793$188

Conformément au budget rectificatif, approuvé par la loi du 23 juin 1888, et aux autres dispositions en vigueur, les crédits pour cet exercice sont les suivants :

Recettes.

	BUDGETS	
	ORDINAIRE	EXTRAORDINAIRE
	—	—
Loi du 23 juin 1888.	37.528:719$500	85:000$000
Recette spéciale des routes	»	1.600:000$000
TOTAUX	37.528:719$000	1.685:000$000

Dépenses.

	ORDINAIRE	EXTRAORDINAIRE
Loi du 23 juin 1888.	38.057:397$317	2.969:169$000
Port de Lexoes	»	234:969$636
Constructions de routes ordinaires . . .	»	1.600:000$000
Chemin de fer : solde du crédit de l'exercice précédent.	»	453:314$828
	38.057:397$317	5.257:453$464
DÉFICIT PRÉVU.	528:657$817	3.572:453$464
DÉFICIT TOTAL	4.101:111$281	

On voit donc, en ce qui touche le budget ordinaire, que les recettes ordinaires évaluées à 37.528 contos de Reis devront produire 38.105 *contos de Reis*, soit un excédent de 577 contos de Reis, que les dépenses ordinaires évaluées à 38.057 contos de Reis, se solderont par 38.109 contos de Reis, soit un excédent d'à peine 44 *contos de Reis*, en tenant compte des paiements en vertu de lois spéciales et de 357 contos de Reis pour virement de crédits des exercices clos, et que le déficit évalué à 529 contos de Reis, s'abaisse à la somme de 84 contos de Reis, cette différence dans la balance des comptes pouvant disparaître puisque les recettes et les dépenses de la seconde période de l'exercice sont calculées par approximation.

Ici, permettez-moi de rappeler ce que je disais dans mon rapport du 31 décembre 1887, en déclarant que, d'après tous les faits que j'enregistrais, il était permis d'espérer que, l'exercice de 1887-1888 serait clos pour sa partie ordinaire. sinon sans déficit du moins avec un défaut d'équilibre restreint.

Heureusement les faits n'ont pas démenti mes prévisions.

Quant au budget extraordinaire, on voit qu'en dehors des crédits spéciaux pour routes, les recours au crédit sont calculés à 3.572 *contos de Reis* en chiffres ronds, pouvant peut-être s'élever à 4.120 contos de Reis par suite du paiement de dépenses autorisées par lois spéciales ou du solde des dettes non prescrites, des crédits d'exercices précédents.

Dans tous les cas, le *déficit* total prévu était de 4:101 contos de Reis, et il ne s'écartera pas beaucoup de cette somme puisque d'après mes calculs, tels que je les ai établis ci-dessus, il ne dépasse pas 4.204 contos de Reis en chiffres ronds.

En face de ce déficit de 4.204 contos de Reis, presque entièrement dû au budget extraordinaire, il y a un point qui ne doit pas échapper à l'attention du Parlement et du pays. C'est que nos finances seraient complètement débarrassées, y compris les dépenses extraordinaires, si on faisait la déduction des « déficits » d'outre-mer et des dépenses faites à l'occasion des quatre grands travaux dont trois approchent rapidement de leur achèvement. En effet, dans les dix-huit mois écoulés du 1er juillet 1887 au 31 décembre 1888, sans distinction d'exercice, nous n'avons pas dépensé moins de 3.052:597$009 Reis pour les chemins de fer des Algarves du Sud et du Sud-Est, de Minho et Douro, pour le port de Leixoes et pour les travaux du port de Lisbonne. Dans le budget rectificatif de l'année écoulée, les dépenses d'outre-mer s'élèvent à 1,210:589$000 Reis.

L'examen de tous les exercices clos et des comptes apurés depuis 1877-1878 jusqu'à 1886-1887 inclusivement, en y ajoutant les résultats provisoires de 1886-1887 établis dans les termes qui précédent, nous donne une preuve de plus de l'incontestable amélioration de la situation financière,

Recettes.

	RECETTES extraordinaires	Recettes extraordinaires propres du Trésor y compris la recette spéciale des routes	Recours au crédit pour les dépenses générales
	—	—	—
1877-1878	25.528:536$310	—	8.804:457$328
1878-1879	27.607:417$573	68:17$506	6.783:365$224
1879-1880	23.887:659$226	11:027$491	10.146:578$103
1880-1881	25.997:223$479	58:221$742	8.359:628$729
1881-1882	28.585:655$336	6:572$412	6.876:428$765
1882-1883	28.126:549$763	400:839$012	(*) 5.028:839$514
1883-1884	29.788:695$287	53:965$956	6.424:902$659
1884-1885	31.113:990$378	202:582$649	8.262:150$000
1885-1886	31.760:844$507	135:896$559	9.715:680$775
1886-1887	34.700:582$854	171:133$175	8.712:075$622
1887-1888 (provisoire)	38.105:085$323	1.122:683$569	4.203:793$188

Dépenses.

	DÉPENSES ordinaires	DÉPENSES extraordinaires	TOTALES
	—	—	—
1877-1878	27.367:033$959	6.965:959$679	34.332:993$638
1878-1879	28.492:087$283	5.905:513$020	34.397:600$303
1879-1880	29.803:910$748	4.241:354$072	34.045:264$820
1880 1881	29.879:904$362	4.535:169$588	34.415:073$950
1881-1882	31.457:065$596	4.011:590$917	35.468:656$513
1882-1883	30.714:641$958	2.841:586$331	33.556:228$289
1883-1884	31.703:017$473	4.564:546$429	36.267:563$902
1884-1885	33.308:685$359	6.270:037$668	39.578:723$027
1885-1886	34.040:639$865	7.568:781$976	41.609:421$841
1886-1887	36.303:342$400	7.280:449$251	43.583:791$651
1887-1888 (provisoire)	38.189:085$251	5.242:391$829	43.431:477$080

(*) Y compris le bénéfice de la conversion de 1881, soit : 2.512:481$820 Reis, comme je l'ai déjà expliqué dans mes précédents rapports.

De ces tableaux, on tire la conclusion que durant neuf exercices liquidés, il a été nécessaire de faire des emprunts pour une valeur totale de 79.411:106$719 Reis, soit une moyenne annuelle de 7.911:110$672 Reis, moyenne inférieure de beaucoup aux deux exercices de 1884 1885 et 1885-1886.

Le recours au crédit du dernier exercice, arrêté au 31 décembre 1888, s'écarte beaucoup de cette moyenne et ne serait pour ainsi dire pas nécessaire, si ce n'étaient les *déficits* d'outre-mer et les dépenses énormes de nos chemins de fer au sud du Tage et celui de Minho et Douro, ainsi que du port de Lisbonne.

Amélioration de la situation. — Les recettes ordinaires dans la gestion arrêtée au 30 juin 1888 présentent une notable augmentation de tous les articles, sur celles des années précédentes.

Le recouvrement de simpôts directs donne en 1887-1888		6.605:607$044	
Il avait donné en :			
1884-1885. . .	6.256:666$372		
1885-1886. . .	6.219:360$786		
1886-1887.		6.366:329$011	
D'où, augmentation, en 1887-1888, sur l'année précédente.			239:278$033
La recette du timbre et de l'enregistrement a donné en 1887-1888		4.128:363$521	
Elle avait donné en :			
1884-1885. . .	3.021:969$235		
1885-1886. . .	3.155:397$558		
1886-1887.		3.464:718$992	
D'où, augmentation pour 1887-1888.			663:644$529
Le recouvrement des impôts indirects produit en 1887-1888.		21.766:211$986	
Il avait produit en :			
1884-1885. . .	16.597:986$912		
1885-1886. . .	17.337:083$668		
1886-1887.		19.173:192$589	
Augmentation pour 1887-1888.		2.593:019$397	
Toutefois, comme on a compris dans cette augmentation la partie de l'impôt additionnel de 6 0/0, perçue aujourd'hui dans les taxes douanières, impôt qui représente une somme de.		475:955$719	
L'augmentation réelle est de			2.117:063$678
			3.019:986$240

Le recouvrement de l'impôt additionnel de 6 0/0 a produit en 1887-1888 :			
Sur les impôts directs	474:644$982		
— indirects	106:329$678		
		580 974$660	
A ajouter la partie de cet impôt qui est comprise dans les taxes réglementaires et qu'on a déduite plus haut des impôts indirects		475:955$719	
		1.056:930$379	
Le recouvrement avait été en :			
1884-1885. . .	975:747$006		
885-1886. . .	971:916$037		
886-1887.		1.016:862$131	
Augmentation pour 1887-1888.			40:068$248
La recette des biens nationaux et divers rendements produit en 1887-1888		3.145:568$107	
Ils avaient donné en 1884-1885	3.126:856$672		
En 1885-1886	2.989:681$077		
En 1886-1887		3.080:669$826	
Augmentation pour 1887-1888			64:898$281
Enfin, il a été recouvré par compensation de dépenses en 1887-188.		1.877:633$766	
On avait eu 1884-1885. .	1.251:241$707		
En 1885-1886	894:153$193		
En 1886-1887		1.439:524$892	
Augmentation pour 1887-1888			438:108$874
Par conséquent, l'excédent des recettes de l'exercice 1887-1888, comparées à celles de 1886-1887, est de			3.563:061$643

La dernière gestion offre encore d'autres preuves de l'amélioration de notre situation financière. En examinant toutes les recettes et toutes les dépenses, sans distinction d'exercices, on a les chiffres suivants pour le budget ordinaire :

	EXERCICES					Différence de 1887-1888 sur 1886-1887
	1884-1885	1885-1886	1886-1887	1887-1888		
Recettes....	31.230:467$904	31.567:592$319	34.541:297$441	38.104:359$084	+	3.563:061$643
Dépenses...	33.960:765$639	33.634:195$642	35.702:626$136	38.790:984$380	+	3.088:358$244
Déficit	2.730:297$735	2.066:603$323	1.161:328$695	686:625$296	—	474:703$399

L'excédent total des dépenses ordinaires et extraordinaires sur toutes les recettes propres du Trésor, y compris celles des routes, a également diminué.

Il était pour l'exercice 1887-1888 de		5.091:474$915
Il avait été en 1884-85 de	5.582:159$134	
En 1885-1886 de	7.582:440$247	
En 1886-1887 de		6.136:611$390
D'où, diminution pour 1887-1888		1.045:136$475

Budget de 1889-1890.

Le budget du futur exercice se présente donc dans la forme suivante :

	Dépenses :	
Frais généraux		3.934:505$565
Dette publique consolidée		17.700:628$190
	Services particuliers des Ministères :	
Finances	3.610:496$683	
Intérieur	2.165:965$766	
Justice et Cultes	695:110$989	
Guerre	4.895:314$475	
	Marine et Colonies :	
Marine	1.976:239$470	
Colonies	153:500$000	
Affaires étrangères	381:984$544	
Travaux publics, commerce et industrie	4.642:266$088	
		18.520:878$015
Caisse générale de dépôts et de retraites portugaise		62:665$000
Total des dépenses ordinaires		40.218:676$770
	Recettes :	
Impôts directs	6.785:500$000	
Timbre et enregistrement	3.472:000$000	
Impôts indirects	23.021:550$000	
Impôt additionnel de 6 0/0	584:000$000	
Biens et propriétés de l'Etat et rendements divers	3.618:417$000	
Compensations de dépenses	2.398:864$000	
		40.150:3 1$000
Excédent des dépenses		68:345$770

Dans le budget que j'ai soumis à votre examen l'an passé, les recettes étaient comptées à 38.371:740$000 Reis et il ne paraît pas que cette prévision soit démentie par les faits. Dans les dépenses ordinaires évaluées à 38.488:454$246 Reis, il s'est, par contre manifesté l'augmentation assez sensible par rapport au budget rectificatif de 1,269:891$945, ce qui est compensé par une augmentation de recettes de 705:025$000 Reis ou bien a été occasionné par les besoins urgents du service militaire, du service des colonies et de celui des travaux publics. Malgré tout, le déficit ordinaire ne dépassera pas 681:581$191 Reis, si toutefois le produit supérieur des recettes ne vient le compenser.

Pour éviter qu'une pareille augmentation puisse se produire l'année prochaine, les dépenses ordinaires ont été calculées très largement dans le budget, sans qu'il y ait dans le total des recettes aucune exagération de nature à menacer de nous faire subir quelque désenchantement.

Il paraît donc très probable que, l'année prochaine, le *déficit* ordinaire n'existera pas ou se réduira à des proportions insignifiantes, autant parce qu'il n'y aura pas nécessité d'augmenter les dépenses dans la plupart des ministères que parce que les recettes tendent à s'accroître.

Dans toute hypothèse, il est toujours indispensable que la représentation nationale pense à ne pas augmenter les dépenses en dehors des cas extraordinaires dans lesquels la nécessité de maintenir le décorum de la nation, de défendre ses droits et ses intérêts s'impose et prime toutes les considérations financières.

Budget rectifié de 1888-1889.

Le budget rectifié de cette année est présenté dans les termes suivants :

Recette ordinaire.

Impôts directs	6.785:500$000
Timbre et enregistrement	3.898:000$000
Impôts indirects	22.175:846$000
Additionnels de 6 0/0	584:000$000
Rendements divers	3.412:417$000
Compensations de dépenses	2.221:002$000
	39.076:765$000

Dépense ordinaire.

Frais généraux	3.666:248$383
Dette publique consolidée	17.475:089$564
Service particulier du ministère des finances	3.594:362$845
Ministère de l'intérieur	2.203:969$784
Ministère de la justice	697:189$973
Ministère de la guerre	4.847:447$510
Ministère de la marine et des colonies	2.110:623$650
Ministère des affaires étrangères	389:736$450
Ministère des travaux publics	4.711:013$032
Caisse générale de dépôts et de retraites portugaise	62:665$000
	39.758:346$191

Le *déficit* ordinaire est par conséquent de 681:581$191 Reis. Il ne paraît pas nécessaire de proposer des projets d'impôts pour y faire face, parce que les vacances et les accroissements des recettes suffisent pour le solder si, comme il y a lieu de l'espérer, on ne crée pas une dépense nouvelle sans aviser en même temps aux moyens nécessaires d'avoir des recettes pour y faire face.

En ce qui a trait au budget extraordinaire, les crédits demandés étaient :

Ministère des finances	40:000$000
Ministère de la guerre	238:000$000
Ministère de la marine	140:000$000
Ministère des travaux publics	170:000$000
Dépenses coloniales	1.260:053$474
	1.848:053$474

Ce que j'ai l'honneur de soumettre à votre examen dans la proposition de loi, est ce qui suit :

Ministère des finances	90:000$000
Ministère de l'intérieur	37:446$600
Ministère de la guerre	339:849$263
Ministère de la marine	318:300$000
Ministère des affaires étrangères	22:000$000
Ministère des travaux publics	338:079$500
Dépenses coloniales	1.305:053$474
	2.450:728$837

Il y a par conséquent, entre la prévision et la rectification, une différence en plus de 602:675$363 Reis qui se réduit à 356:675$363 Reis, parce qu'on a créé de nouvelles recettes d'une valeur de 246 contos de Reis, pour faire face à une augmentation de dépenses pour le ministère de la guerre et pour celui des travaux publics.

La différence totale en plus, étant de 356:675$363 Reis, on peut considérer comme dépenses coloniales 245:300$000 Reis, puisqu'au fond, les augmentations de dépenses du ministère des Affaires étrangères et du ministère de la Marine n'ont pas d'autre origine.

Le règlement des finances publiques d'outre-mer étant publié, et de grandes augmentations se produisant dans les recettes d'outre-mer, l'espérance que des faits analogues ne se reproduiront pas les années suivantes, paraît bien fondée.

La mesure qui vous est proposée pour les opérations financières fondées sur l'augmentation des recettes dans les provinces d'outre-mer réduira, aussi bien pour cette année que pour les suivantes, le budget extraordinaire à des proportions minimes; à ce propos, il est bon de noter que ce budget était l'an passé de 2.840 contos de Reis et qu'il est déjà descendu à 2.451 contos de Reis, parce qu'il ne comprend plus les dépenses du port de Leixoes.

Avec ces éléments, on voit que le *déficit* total de cette année sera :

Budget ordinaire.	681:581$191
Budget extraordinaire	2.450:728$837
	3.132:310$828

Conformément à ce que j'ai eu l'honneur d'exposer dans mon rapport de l'année dernière, il ne serait pas bon de parer à ce défaut d'équilibre au moyen d'emprunts extérieurs ou en augmentant la dette flottante dont la situation actuelle ne présente aucun danger, mais qu'il ne convient pas de grossir. Les moyens ne nous manquent point. Premièrement, nous devons compter sur les effets de la proposition de loi relative aux chemins de fer du Sud-Est et des Algarves, soumise à votre examen, et qui ne rencontrera certainement pas d'opposition, étant une idée commune à tous les partis. Le résultat immédiat de cette loi sera de faire entrer dans les coffres publics 3.140 contos de Reis. D'un autre côté, la proposition relative au port de Leixoes également soumise à la discussion parlementaire, produira une recette de 2,431 contos de Reis. Le solde de l'emprunt à 4 1/2 0/0 donnera encore 1.435 contos de Reis. Nous avons donc 7:006 contos de Reis, pour faire face au déséquilibre de 3.132 contos de Reis, et par conséquent nous clorons l'exercice avec un solde très rapproché de 3:874 contos de Reis.

Budget extraordinaire pour 1889-1890.

Ce budget présente les clauses suivantes :

MINISTÈRE DES FINANCES :		
1° Matériel des bureaux du fisc, impôts indirects, des douanes et du corps des douaniers. . . .		40:000$000
MINISTÈRE DE LA GUERRE :		
1° Emigrés espagnols	3:000$000	
2° Route militaire et fortifications de Lisbonne et de son port	120:000$000	
3° Torpilles, matériel corrélatif et école de torpilleurs	20:000$000	
4° Matériel des ponts, télégraphes, chemins de fer et ballons	5:000$000	
5° Achat de chevaux et de mulets	40:000$000	
6° Places de guerre et quartiers.	50:000$000	
		238:000$000
MINISTÈRE DE LA MARINE :		
Direction générale de la marine :		
1° Réparations et constructions de navires, travaux extraordinaires	120:000$000	
2° Matériel permanent pour les arsenaux et les bâtiments de la marine	20:000$000	
3° Nouveau matériel de guerre.	15:000$000	
Direction générale d'outre-mer :		
1° *Déficit* colonial.	372:000$000	
2° Nouvelles missions civilisatrices, explorations en Afrique et colonisation de Lourenço Marques	60:000$000	
3° Garantie du câble télégraphique de l'Afrique occidentale	148:000$000	
4° Dividendes de la West of the India Portuguese guaranteed railway Company limited .	150:000$000	
		885:000$000
A reporter. . . .		**1.163:000$000**

Report.		1.163.000$000

MINISTÈRE DES TRAVAUX PUBLICS :

1° Bâtiments du lycée national de Lisbonne . .	50:000$000	
2° Bâtiments et matériel des services agricoles des écoles industrielles et de dessin industriel	60:000$000	
3° Recensement général de la population. . . .	25:000$000	
		135:000$000
TOTAL.		1.298:000$000

Cette somme, jointe au déficit ordinaire évalué à 68 contos de Reis, parfait le découvert de 1:366 contos de Reis. Comme l'exercice courant se clôt par un solde de 3,874 contos de Reis, on en conclut qu'à la fin de l'exercice 1889-1890, c'est-à-dire au 31 décembre 1890, nous devrions trouver un solde de 2.508 contos de Reis, si nous n'avions pas à payer les intérêts garantis des chemins de fer de la Métropole et de l'Afrique occidentale, ainsi que pour le port de Leixoes. Dans l'hypothèse la plus défavorable, ces garanties ne dépasseront pas 900 contos de Reis à la date indiquée. Par conséquent, en ne se basant que sur ces éléments, les disponibilités devront s'élever à 1.608 Reis, contos de Reis.

Dans le budget extraordinaire, le *déficit* d'outre-mer est compté pour à peine 372 contos de Reis, somme qui sera fortement abaissée dans la réalité, par le fonctionnement de l'organisation coloniale déjà décrétée et par les preuves de la prospérité des recettes qui se manifeste dans les colonies. Mais l'article 2 de la proposition de loi n° 5 autorise le gouvernement à prélever une somme de 1.310 contos de Reis, à compte sur l'augmentation de recette des douanes d'outre-mer. Bien que le *déficit* d'outre-mer atteigne 1.200 contos de Reis, 482 contos de Reis se trouveront disponibles. Ce qui, en les ajoutant aux 1.608 trouvés plus haut, donnera au 31 décembre 1890 un solde probable de 2.090 contos de Reis sans avoir recours à des emprunts extérieurs et sans augmenter la dette flottante.

Il y a un an, je vous manifestais l'espoir que, grâce à la proposition relative aux chemins de fer du Sud, du Sud-est et des Algarves, ainsi qu'au port de Leixoes, aux droits de tonnage et à l'impôt sur la fabrication des alcools, nous pourrions amplement arriver au 31 décembre 1889 sans *déficit* et sans avoir besoin de recourir aux emprunts étrangers. Aujourd'hui cette même espérance me paraît fondée jusqu'au 31 décembre 1890 ayant de plus alors un solde disponible de près de 2.000 contos de Reis pour parer aux circonstances imprévues. Il faut peu de choses pour arriver à ce résultat. Que la tranquillité publique se maintienne inaltérable et que le Parlement soit soucieux de ne point augmenter les dépenses sans créer, en même temps, des recettes correspondantes et nous pourrons être certains de vaincre toutes les difficultés de notre régénération financière. Dans les questions financières, le temps est un agent prépondérant.

Je comptais sur nos différentes réformes et sur l'action naturelle du temps pour la solution du problème financier qui nous paraissait si effrayant au commencement de 1886, s'il n'était demandé au pays d'énormes sacrifices par voie de contributions. Je crois ne m'être point trompé, puisque, par suite des résultats obtenus, les sacrifices demandés aux contribuables ont été insignifiants et qu'aujourd'hui, la sécurité des finances des districts tend à se compenser avec la diminution déjà commencée du percentage additionnel sur les contributions publiques. Nous gagnons deux ans, nous voyons le crédit public s'accroître, les capitaux devenir meilleur marché, l'activité industrielle et commerciale se développer de toutes parts, l'influence coloniale et diplomatique du pays s'élargir et les améliorations progresser dans les possessions africaines du Portugal. Au prix d'énormes dépenses, nous perfectionnons l'instruction publique dans toutes ses branches, et nous donnons une grande impulsion à l'enseignement agricole et industriel. Les améliorations matérielles des ports, des chemins de fer, des routes, avancent avec une rapidité inusitée. En ce moment, nous avons encore d'avance deux années plus libres de préoccupations financières pour hâter la transformation économique du royaume, donner plus de force à notre organisation militaire, et fortifier notre puissance d'un domaine colonial grand et prospère. Le plus difficile de l'œuvre est fait; un effort encore de votre patriotisme sera suffisant pour consolider les conquêtes faites et mettre en même temps cette bonne terre portugaise au niveau élevé que justifient ses glorieuses traditions et vers lequel la portent ses justes aspirations.

Dans la situation telle qu'elle se présente à moi, je ne juge pas nécessaire de modifier le système d'impôts. Tous les efforts des pouvoirs publics doivent, à mon avis, se concentrer sur la bonne exécution des lois fiscales en vigueur pour en tirer, sans imposer de vexations aux contribuables, tout ce qu'elles peuvent donner, ce qui est beaucoup. Par ces motifs, je me borne à soumettre à votre examen éclairé deux propositions de loi dont une réduit de 13,5 à 10 0/0, la taxe de *decimas de juros* et adoucit les procédés d'établissement et de recouvrement de cet impôt. L'autre diminue ou modifie dans un sens favorable aux contribuables, quelques taxes de l'impôt sur le timbre qui ne peuvent être productives qu'à la condition d'être très modérées. Le travail auquel nous devons nous appliquer est surtout un travail administratif, et, certainement, une inspection zélée augmentera rapidement le rendement des douanes, celui du *real do agua*, ceux des contributions industrielles, des impôts somptuaires. du revenu des propriétés et du timbre.

En commençant par la réduction des taxes du *decima de juros* (impôt sur les intérêts), et de celles de timbre, j'espère que non seulement leurs produits ne diminueront pas, mais encore que, l'an prochain, nous pourrons décréter, sans crainte, une réduction sur les droits d'enregistrement et sur quelques droits d'importation qui s'appliquent aux matières les plus indispensables à l'alimentation publique.

La proposition de clôture de l'exercice 1885-1886 prouve la régularité de l'administration financière. Pour la première fois, toutes les opérations de l'exercice ont été effectuées en temps opportun et les virements de compte ont cessé d'être nécessaires pour régulariser la comptabilité.

Conclusion.

Les résultats favorables obtenus par l'adjudication de Bons du Trésor continuent d'être favorables comme le démontre le tableau suivant :

ÉMISSIONS	DATES	MONTANT DES ÉMISSIONS	SOMMES OFFERTES PAR LES SOUMISSIONNAIRES	DATES DE L'ADJUDICATION ET NUMÉROS DES JOURNAUX OFFICIELS DANS LESQUELS ELLE A ÉTÉ ANNONCÉE	INTÉRÊT MOYEN DE LA SOMME ADJUGÉE (a)	TAUX DE L'ESCOMPTE A LA DATE DE L'ADJUDICATION		
						A Lisbonne	A Paris	A Londres
1°	1886 septembre.	2.300:000$000	5.976:500$000	30 août 1886 *Diario*, N° 197 de 1886	4.31 %	5 %	3 %	3 ½%
2°	1886 décembre.	4.500:000$000	11.887:500$000	29 novembre 1886 *Diario*, N° 275 de 1886	4.02 %	5 %	3 %	4 %
3°	1887 mars . . .	6.228:000$000	10.454:100$000	9 mars 1887 *Diario*, N° 53 de 1887	4 %	5 %	3 %	4 %
4°	1887 juin. . . .	7.500:000$000	14.267:800$000	4 juin 1887 *Diario*, N° 124 de 1887	3.83 %	5 %	3 %	2 %
5°	1887 septembre.	6.000:000$000	8.669:000$000	7 septembre 1887 *Diario*, N° 199 de 1887	3.43 %	5 %	3 %	4 %
6° (1re partie).	1887 décembre. .	1.600:000$000	2.902:000$000	9 décembre 1887 *Diario*, N° 252 de 1887	3.76 %	5 %	3 %	4 %
6° (2e partie).	1888 janvier. . .	6.000:000$000	6.908:500$000	2 janvier 1888 *Diario*, N° 1 de 1888	3.81 %	5 %	3 %	4 %
7°	1888 avril. . . .	5.700:000$000	8.140:900$000	3 avril 1888 *Diario*, N° 75 de 1888	3.71 %	5 %	2 ½%	2 %
8°	1888 juillet. . .	5.300:000$000	8.734:500$600	3 juillet 1888 *Diario* N° 148 de 1888	3.55 %	5 %	2 ½%	2 ½%
9°	1888 octobre . .	6.000:000$000	7.567:500$000	3 octobre 1888 *Diario*, N° 226 de 1888	3.624 %	5 %	3 ½%	4 %
10°	1888 janvier. . .	6.000:000$000	8.275:500$000	29 décembre 1888 *Diario*, N° 299 de 1888	3.63 %	5 %	4 ½%	5 %

(a) Les commissions sont comprises dans le calcul de l'intérêt moyen.

La dette flottante qui était de 10:886 contos de Reis, au 31 décembre 1886, s'élèvera, à la même date de 1887, à 16:513 contos de Reis, avec une augmentation de 5:626 contos de Reis. Le dernier jour de l'année close, elle était approximativement de 15:491 contos de Reis et n'avait pas subi d'augmentation sensible.

Toutefois, le meilleur témoignage de l'amélioration de la situation économique du royaume et de la confiance croissante dans l'administration financière, est la hausse considérable de la cote de nos fonds, aussi bien dans le pays qu'au dehors.

Le 31 décembre 1886, le Consolidé portugais valait à Londres de 55 3/16 à 55 5/16; à la même date de 1887, les cotes avaient déjà atteint 57 1/4 à 57 1/2, avec une hausse de 2 5/16. Le dernier jour de 1888, nous avions réalisé l'opération la plus importante dont parle notre histoire financière, nous trouvons le Consolidé portugais de 64 7/8 à 65 avec une nouvelle hausse de 7 1/2 0/0. Malgré la situation précaire de la Bourse de Londres et de celle de Paris, malgré le taux élevé de l'escompte dans les banques d'Angleterre et de France, cette cote qui aurait semblé irréalisable il y a deux ans, se maintient ferme et avec une tendance à s'améliorer. Il n'y a donc rien de surprenant à ce que dans peu nous gagnions le coupon de 1 1/2 0/0 payé le 1er janvier. A Paris, la cote des obligations 5 0/0 était à la fin de 1886, de 469 francs, elle était de 499 francs le 31 décembre 1887 et le dernier jour de 1888, elle atteignait déjà 512 fr. 50 c. A Lisbonne, les inscriptions qui valaient 54 0/0 en 1886, faisaient déjà 55,95 0/0 en 1887 et atteignaient, le 31 décembre 1888, une valeur de 61,50. En Allemagne, le papier portugais est de plus en plus recherché, à des cotes favorables.

Enfin, Messieurs, si vous accordez votre approbation aux projets financiers qui sont soumis à votre examen éclairé, nous pouvons, comme je crois vous l'avoir démontré, être certains que les années 1889 et 1890 s'écouleront sans difficultés financières et sans que nous ayons besoin, en aucune façon, de faire des emprunts extérieurs. Cela me paraît devoir être toujours le principal but de l'administration financière, et tout porte à croire que nous y atteindrons.

Signé : **MARIANNO CYRILLO** de **CARVALHO.**

Ministère des affaires de Finances.

7 janvier 1889.

IMPRIMERIE CHAIX, RUE BERGÈRE, 20, PARIS. — 2680-9-9.

www.ingramcontent.com/pod-product-compliance
Ingram Content Group UK Ltd.
Pitfield, Milton Keynes, MK11 3LW, UK
UKHW021022180726
13838UKWH00004B/1604